JN439749

해 연 시집

젖은 빛

책펴냄열린시

해 연 시집

젖은 빛

지은이/ 해연
펴낸이/ 최명자
펴낸 곳/ 책펴냄열린시

601-031 부산광역시 중구 중앙동 3가 14-1
전화 051-464-8716
출판등록번호 제 02-01-256호
출판등록일 1991년 2월 4일

1판 1쇄 2006년 4월 29일 발행

값 6,000원

ISBN 89-87458-51-2-03810

오늘처럼 빛 맑은 하늘아래
저처럼 앙증스런 새와 나는
무슨 인연으로 한 자리에
있게 되었을까
새는 그를 부러워하는
내 눈을 보았을까

—본문 시 「새와 나」 중에서

■ 자서

어릴 때부터
산 오르기를 좋아했습니다.
그때 나는 치마를 입었습니다.
걸으면서 치맛자락이 흔들렸습니다.
바람에 따라 흔들리는
흔들거림이 좋았습니다.
흔들리는 땅 위의 모든 것이
눈짓을 합니다.
그 눈에서 흐르는 애틋한 눈물을
치마 위에 담아 보았습니다.
보는 눈을 허락하신
나에게 눈물을 주신
그 분께
서툰 두번째 글을 바칩니다.

이천육년 사월 늦은 저녁
해 연

제 1 부

제 2 부

제 3 부

제 4 부

제 5 부

제 1 부

네 향내가 하도 매혹적이라
바람에 사뭇 흐느끼며
너에게로 달려간다
어쩌면 다시는 못 볼세라
가는 님을 아쉬워하는 여인처럼
네 향에
온 몸 적시노라

초록 그 자리

이제나 저제나
내 영혼은
꿈에도 연연한 네 모습이어라

너를 대함에
온 시름은 쓰잘 데 없고
신선하고 사랑스런
가슴 하나에
푸른 아이의 옷을 갈아입고

호수처럼
숲처럼
그리고 하늘처럼 웃으리라

봄에서 겨울까지

별이 내린다
산책로 나무 의자 옆 벚나무 한 그루
가로등 아래 주홍빛 잎새 되어
따뜻한 손 내민다

이슬과 함께 열리는 아침
벚나무 꽃잎은
햇살 위 아롱진 눈물
긴 겨울을 견뎌온
푸른 웃음으로 피어났다
꽃 진 뒤 초록으로 돋아나는
잎들의 행렬
성숙한 벚나무 둥지 속에
종달이가 곤한 날개를 기대며
꿈을 꾸었다

얼마 후 차가운 얼굴로
길 위에 있을 벚나무
내 가진 따스한 체온
나눠주고 싶다

젖은 빛

숲이 보이는 창

오랜만의 촉촉함이
나를 채운다
여름을 견뎌온 잎들이
제 살을 태우는
뜨거운 그늘을 지나
이제 비에 젖고 있다

창에서부터 저 빛까지의 거리는
얼마나 될까
몇 번의 순간들이 모여야
저토록 순결한 빛이
될 수 있을까
잎들의 숨결이 나에게 들어와
깊은 숨을 쉬게한다
창 안에 선 나는 숲과 함께
햇살과 함께
비에 젖고 있었다

벚나무가 서있는 곳

쓰레기를 넣으려는 나는
문득 옆에 선 벚나무
가지에 피어난
눈부신 꽃잎을 보았다

낡아 버려질 수밖에 없는
서러운 것들이 모여지는 옆에서
꽃은 피어나고 있었다

작은 꽃잎들은
가지마다 퍼져 나아가
땅위에 떨어져
쓰레기와 같은
슬픈 몸이 될지도 모른다

쓰레기도 한 때는
떨어지는 꽃잎을
애처로이
여겼을지 모른다

벚나무 · 2
—소리없이

현금지급기에서 얼마의 지폐로
불룩해진 지갑을 손에 든 나는
필요한 것을 살 수 있다는 기분에
가벼운 걸음이다
발등 위에 소리도 없이 떨어지는 꽃잎
여러 날을 기다림에
설레게 하던 아름다움이었다
꽃잎은 멈추지 않고 자꾸만 떨어진다
저렇게 떨어지면 마침내
푸른 잎 하나가 생겨나겠지

현금지급기에서 나는 소리가
소리도 없이 떨어지는 꽃잎 위에 들린다
소리 없는 꽃잎은
나를 푸르게 하는 나뭇잎을
세상에 내어놓지만
손에 떨어지는 지폐는
또 다른 소리로
나를 구속한다

벚나무 · 3

—버스 정류장

그림같은 꽃그늘 아래
사람들은 버스를 기다린다
두꺼운 옷 대신
화사한 색옷을 걸친 여인의
분홍빛 뺨이 차창에 비친 버스는
붐비는 매연 속으로 미끄러진다

이렇게 향기 그윽한 밤
쓸쓸한 가지에 꽃이 피어나듯
그녀를 기다리는 사람에게
그녀도
한 송이 꽃이 되고픈가 보다

정류장 주변
쓸쓸하던 가지에
꽃이 피었다

두고 가는 길

돌아가기엔
너무 먼 길
메마른 흙덩이 위에 피어난
이름 모를 풀꽃들 사이로
차마 벗을 수 없어 오래 걸쳐 왔던
치맛자락 거두고
가벼운 아주 가벼운
옷으로 갈아입은 채
작은 이슬이 스미듯
그렇게 스며든다

바라보던 나무 한 그루
언제나 그 자리에 서서
하늘을 이웃하듯
풀꽃이 되어버린 그녀
바람 많은 세상에 힘들어하던 고개
이제는 가벼이
한가로이
하늘로 두나보다

물빛

걸어 간다
하늘빛 닮은 물속으로
홀로 걸어 간다
유월 푸른 옷으로 갈아입은 나
손끝 닿는 바람
온몸 받으며 간다
물속에 잠긴 푸른빛은
둘러싼 숲속 다람쥐와 뻐꾸기만 아니라
백담사 깊은 암자
참선하는 수도승의 어깨에도
부심코 시나는 길손의 옷자락에도
투명한 손 건네어 준다

도시의 검은 물빛에
어두워진 옷자락
우연히 만난 물빛
그 부드러운 빛에
온몸 적신다

새와 나

작은 날개
가지에서 가지로 날아가는 다리
이파리에 거꾸로 매달리며
자꾸만 자리를 옮기는
부지런함이 나무를 흔든다
몸이 무거운 나는
그 자리에서 눈을 뗄 수가 없다

오늘처럼 빛 맑은 하늘아래
저처럼 앙증스런 새와 나는
무슨 인연으로 한 자리에
있게 되었을까
새는 그를 부러워하는
내 눈을 보았을까
상처받은
내 날개죽지를 보았을까

겨울 감

몇 개의 노란 감
잎 하나 남지 않은
나뭇가지에 매달린 채
시린 얼굴로 맑은 하늘에 있다

작은 새 하나
감에게 온몸을 두고
열심히 부리를 갖다 댄다
며칠 후 선명한 색깔은 볼 수 없었다

감에게 남은 마지막 단맛을
맛보는 새의 모습을
우연히 지켜본 나는
보이지 않는 감의
따뜻한 가슴을 보았다
길을 걸어가는
내 가슴보다 더 따뜻한

허공중 매달린
선홍빛 뜨거운 가슴의 눈망울을

꽃잎의 눈물

빛나는 무리 속 함께 하고파
피어나는 벚꽃 망울
뽀송뽀송한 살결에 얼굴 부빈다
풀잎 사이 이름도 알 수 없는
작은 꽃잎들
발치에서 나를 본다

사람과 사람 사이 욕심으로
상처 입히는 전쟁의 불길이
원인도 알 수 없는 괴질이
생명을 거두어가는
사랑이 식어가는
차거운 땅에서 꽃잎은
서럽게 울고 있었다

벚나무 하루사이

앗아가 버렸다
애틋한 눈빛으로
다가오던 많은 것들을
하루사이 잃어 버려야했다
뿌리를 허공에 드러낸 나무는
땅에 뿌리내리던 날들을
햇살에 웃음 짓던 날들을
땅 위에 남긴 채 누워 있다
소금기 어린 바다 바람이
잎들마저 마르게 한 나무들은
더 이상
푸른 눈빛을 건네주지 않는다

예기치 않은 힘에
저항할 수 없는 저 푸른 눈빛
눈을 감는 마지막 순간
무엇을 말하고 싶었을까
정감어린 눈을 다시 볼 수 없는
쓸쓸한 길 위에서
내 여린 그림자에게 물어본다

붉은 소나무

언 땅 녹이는 부드러운 웃음소리
눈부시게 웃음을 보내는
빛의 무리들 한 가운데
키 큰 한 그루 소나무
뾰쪽한 잎이 붉은색으로 변하여
몸뚱이 전체가 나머지 다른 나무들보다
시선을 끌었다

어느 날 온 산 울리는
굉음이 들리더니
겨우 몸을 버티던 병든 소나무는
토막이 난 채
초록 비닐로 씌워졌다
한겨울에도 푸르던 웃음은
잎들이 피어나는 오월 하늘 아래
숨조차 쉴 수 없는 비닐로
지워져 버렸다

겨우내 기침하던 할아버지
땅에 묻히셨다

단풍

하늘이 푸른 날이면
더욱 아름다워
어느 땐 신선함으로
어느 땐 짙은 그늘로
시원한 어깨를 내어 주더니
지금은 발그레한 얼굴로
온 하늘 수놓으니
외롭던 마음
하늘 빛 가운데
잃었던 웃음
돌려 주네

봄 생각

흔들리는
잎새에
설움을 띄우고
연한
하늘 빛깔에
뽀오얀
웃음 날리며
길 위
떨어지는 목련
봄의
시샘을 보네

아카시아

네 향내가 하도 매혹적이라
바람에 사뭇 흐느끼며
너에게로 달려간다
어쩌면 다시는 못 볼세라
가는 님을 아쉬워하는 여인처럼
네 향에
온 몸 적시노라

제 2 부

나는 소리 내지 못하는 고장 난 밥통이 아닐까
아무데로나 열기를 밖으로 뿜어내어
퍼석거리는 밥알이 되지 않을까
오로지 한 곳으로 기를 모아
윤기 나는 밥알이 될 수 있길
눈 뜨는 아침마다
원하고 있다

가을에 젖다

가슴이 젖어 온다
앞 산 단풍들
갈수록 짙어지며
나를 물들인다
어젠 눈부신 하늘이더니
오늘은 비에 젖고 있다
오랫동안 견뎌 오던 목마름
적시는 얼굴
젖는 모습이 행복해 보인다

저 숲처럼
나날이 깊어가는
내 그림자
오늘은 비에 젖고 싶다

멀어진 소원

십이월은
문을 열지도 않았는데
그대 거실로 들어선다
의자나 옷가지들이
흐트러진 실내는 어수선하다
지난 초하루의 설레이던
오른손과 왼손은 멀어졌다

아침을 알려주던 붉은 햇살
네모난 바닥 비춘다
삼백육십오일 그 빛 속에
창 열어 나무를 숨쉬고
하늘과 바다를 숨쉬던 가슴
힘들여 닿은
그대 곤한 어깨에 기대어
다시 올 새해 첫날 위해
멀어진 두 손 모아본다

서운함

훌쩍 커 버린 아이
가슴 파고들며
배 고픔 달래던 아이
어깨 위에서 날 내려다본다

더 많은 시간이
아이와 나 사이에 흐르면
아이는 다른 여인의 이마를 보며
빈 마음 채우려 하겠지

묘비명

솔발산 기슭
계곡에 흐르는 물
얼음장 밑에서 가슴 적신다
무덤과 무덤 사이 이름 모를 풀들
낯설기만 하다
햇살 아래 선명한 묘비의 이름들
이웃하며 인사 나눈다

흙 한 덩이 이마에 얹고
보이지 않는 얼굴들
살아온 날
다정스레 이야기한다

길 위의 토마토

봉긋이 올려진 토마토 바구니들
길 위에 나란히 펼쳐졌다
간이의자에 앉아
오가는 행인을 바라보는 작은 남자
오십을 넘겼을까
식솔은 몇이나 될까
노예시장에 내몰린 연두빛 토마토
누구 손에 넘겨질까
새벽시장 돌아
그의 손에 안겨진 토마토
아침 햇살을 받은 유월의 가로수 아래
볼그레한 얼굴로 사람들을 유혹한다

파, 나를 채워 주는

그리도 든든히 뿌리 내리던
흙에게 버림받더니
낯선 도마 위 동강난 몸뚱이
벌겋게 달은 냄비 안에서
가슴 열어 바람에 이야기하던
마지막 꿈 사라지는가

살갗에 스며
눈물 나게 하던 매운 맛
이제 식탁 위
뜨거운 매운탕 속에서
상큼한 단맛으로
비어있는 나를 채우는가

그대 바라던 하늘
어디 있는가

수줍은 웃음

몰랐다
비스듬한 오르막 중간
뜻하지 않은 분홍빛
무리들이 생겼다는 것
가지 않은 길
낯선 길에서
빛들은
하나가 되어
머뭇거리는 나에게
한없는 웃음을 웃고 있었다

겨울 스산한 냉기에
움츠렸던 가슴은
우연히 본 진달래
선한 웃음을
만나기 위해
이전에 가본 적 없는 길을
거침없는 걸음으로
오르고 있었다

아들의 얼굴

작은 아이가 떠나려 한다

잠든 얼굴 들여다 본다
입대를 위해 멀리
강원도로 떠날 얼굴
잊어 먹을까 가슴에 새긴다

숨이 멎는가 싶더니
품에 안긴 빠알간 아기로
가슴부터 파고들었지
병아리 유치원 갈 때
골목에 핀 개나리 유난히 노랬었지
개구쟁이들과 어울리다
피투성이 된 널 업고 뛸 때는
어디서 그런 힘이 났을까
수영하다 앞니가 부러져 잠든 널
끌어안고 한참을 울었지
수능 앞둔 너는 안 아픈 데가 없었단다
캠퍼스에서 너를 꽃 피울 수 있어
좋다던 밝은 얼굴

오랫동안 볼 수 없겠지
누구보다 엄마를 사랑한다며
촛불 든 채 날 위해
두 손 모으던 아이
보는 것만으로도
가슴 따뜻해지는 내 아이
하얀 얼굴 거친 햇살에
단단히 야물어질 때
내 앞에 다시 서겠지

모델 하우스

기다려오던 날들이었다
차가운 땅에 몸 누이던 겨울하늘
별 보며 어머니 그리던 시집살이
좁은 공간 속에서 답답해하던 세간도
거기엔 볼 수 없었다
줄을 서서 기다리는 사람들
저마다 원하는 집을 찾아
기웃거린다

허공에 만들어진 공간 위에서
채우지 못한 지난 날 보상받으려
네모 난 창 열며
만족하게 될 사람들

언젠가 허물어질 모델 하우스
거울에 비춰진 또 하나의 나
그녀에게
미소를 보낸다

아침을 볼 수 있는 자리

눈을 뜬다
먼 길 걸어온 발목
산골 싸아한 냉기에 가벼워진다
저만큼의 거리에서 마주하는 산
울퉁불퉁한 길을 지나
이름도 알 수 없는
높고 낮은 봉우리
넘고 또 넘어
이제야 네 그윽한 얼굴 본다

발목 뻐근할 만큼
먼 길 걸어온 아침
언제나 저만큼의 자리에
웃고 있는
네 맑은 얼굴

아늑한 방

바다가 있는 마을
여자의 숨소리가 살아있다
언덕배기 위 콩이파리들
거센 바람에도 고개를 세운 채
파도 소리 들려주는 호젓한 자리
알 수도 없는 사람에게
방문을 열어 놓기도 하는 돌담 마을
쉼 없이 다가오는 물결
밀려오는 물결
온몸으로 받으며
바람과 빛살을 마당 가득 들여
푸른 하늘이 숨 쉬는 소리를
들을 수 있는 창

닫혀져 있는 눈을 뜨게 하여
이윽고 깊은 숨 쉬게 한다

기우는 것은 아름답다

세 지팡이가 걸어간다
어깨를 나란히 한 세 노인
잎이 떨어지는 오솔길
서로 어깨를 부딪히며
걸어가는 손에 지팡이가 들려있다

기울어진 발목을
땅 위에 바로 서게하는 지팡이는
길 위에 서 있는 날들을
위한 마지막 동무
다른 길을 걸어왔을 세 노인
오랜 날 가녀린 몸 기대며
빛과 그늘 오가던 하늘 떠나려는
잎 지는 오솔길
좁은 길에
닮은 모습으로 걸어간다
약간은 기울어진 채

멀리 있는 아이

멀리 왔다는 것을 피부로 느끼는
눈발이 차창에 닿는다
춘천호 넓은 가슴이 눈을 받아 마시는
산과 마을이 생소한 길을 간다
그렇게 이어지는 반도의 허리자락에
아이가 있었다
질펀한 땅 위에 군화를 신고
뛰어와 안기는 아이는
어깨 위에서 웃고 있었다
아이와 나의 웃음이
하늘에 그대로 새겨질 것 같은
깊은 골짜기
여린 아이의 몸이
긴 겨울 속에서 따뜻하여
낯선 하늘에 닿는 눈송이처럼
앞에 놓여질 세상의 땅에
천천히 그리고 부드럽게
녹아들 수 있길
아이를 대신할 수 없는 나는
바래어 본다

눈 오는 호수에 날개를 편다

눈 내리는 호수
은빛 세상이다
자전거를 탄 나는
새가 되어 호수위에
날개를 편다

소나무 어깨 위 내린 눈빛이
젖은 눈을 씻어주며
목젖을 적시고
안 깊숙한 그림자 비춘다

날으는 어깨 아래
작은 배 하나
배는 몸이 얼었는지 그대로 있다
호수 위 몸을 띄운 배는
얼음으로 변한 물의 영토에서
눈이 되어
배의 목마름 적셔주는
꿈을 꾸나보다

하얀 손 잡으며

해가 지려나
싸아한 냉기가 감도는 산마을
싸락눈이 내린다
하늘이 가까운 길
고개를 한껏 들며
저절로 하얀 손에 이끌려 걸어간다
차갑지만 따뜻한 손
땅 위에 얼굴 내민
부드러운 봄을 보여준다
아직도 겨울 속에 있는데
한없는 그윽함으로
가까이 와 있는 봄에게
차가운 손
내민다

묘한 얼굴

태풍이 휩쓸고 간 은행나무 가지
죽은 잎과 다시 피어난 잎
마주보며 함께 매달려 있다
아직은 늦여름인데
엄청난 힘이 가을을 넘기고
겨울을 넘겨
새로운 봄을 끌어오고 말았다
얼마나 기다려야할 봄인데
죽어버린 이파리 위에 올려져
나뭇가지에 이미 와 버렸다

여름의 습기와
무서운 광풍이 지나간
오늘처럼 빛 맑은 날
상처받은 저 은행나무는
바랜 갈색과 파릇한 연두색의
묘한 얼굴로
잃어버린 가을을
다시 찾아올 노란 얼굴을
기다리는 걸까

마루에 누운 햇살

붉게 물든 손바닥
물에 적시는 길 옆
초가지붕 아래 정갈한 마루
오후의 햇살을 끌어안은 채
걸음을 멈추게 한다
마루 아래를 돌아간
단풍 몇 잎이
작은 우물에 떠 있고
두 서너 걸음 떨어진 개여울엔
문경새재 높은데서 시작되는
차고 맑은 물줄기가
낯선 손을 부르고 있었다

새와 물과 바람이
어우러져 내는
더할 나위 없는 소리에 젖은
마루 위 햇살
손을 잡으며
한가운데
곤한 등을 눕혀 주었다

못 박힌 눈

검은 옷을 입은 여자
눈물로 충혈된 눈동자는
빛을 잃었다
결코 놓지 않으리라는 손을
떨구게 된 손

바라보는
장성한 두 아들도
빈자리 메울 수 없다
얼굴은 그대로인데
왜 못을 박느냐고
반문하는 목소리가
영안실 벽에 못을 박는다

살아남은 긴 시간을
채워나가야 할
두 눈에서
피가 흘러내린다

소리 나지 않는 밥솥

선잠을 깨고 쌀을 씻어 밥솥에 앉힌다
시간이 흘러 김이 밖으로 새어
소리나지 않으면
틀림없이 밥은 떨떠름한 얼굴이 되어
나를 바라본다
그러나 압력을 모아
펑하는 소리를 내면
그때부터 흥분한다
오늘은 성공

나는 소리 내지 못하는 고장 난 밥통이 아닐까
아무데로나 열기를 밖으로 뿜어내어
퍼석거리는 밥알이 되지 않을까
오로지 한 곳으로 기를 모아
윤기 나는 밥알이 될 수 있길
눈 뜨는 아침마다
원하고 있다

제 3 부

떨어지는 것이 못내 서러운 손은
꽃잎들을 하나씩 모아
베란다 하얀 바닥에 심고 있었다
흙 대신 가슴에서 환생한 꽃잎들
나무에 달렸을 때보다
더 붉은빛을 띠며
작은 뜨락을 채워 주었다

상처난 벽

언제부터인가
아이의 손은 떨고 있었다
보이지 않는 끈들이
그를 얽어매고 있었다
분을 못 이긴 손은 주먹이 되어
벽을 상채기 내고 말았다
아이를 재우던 벽은
아프단 말도 할 수 없었다
그러던 어느 날 아이는
움켜쥐었던 주먹을 펴고
꽃다발을 한 아름 안은 채
상처난 벽 앞에서
환한 웃음을 웃고 있었다
상처난 벽은
세상의 거센 바람으로부터
아이를 잠재워주던 벽은
그제서야 깊게 패인 흉터를
아물 수 있었다

그녀 엉덩이엔 지느러미가 있다

아침을 흔든다
남편과 아이들 뒷바라지
끝낸 소매를 털고
경쾌한 음악에 따라 맘껏 흔들어본다
날쌔고 힘찬 동작에 몸 무거워진 그녀
뒤뚱거리다 어느새 땀이 배어난다

거울에 비춰지는 모습에
몸매를 돌아보는 각성의 시간
흐르는 음악에 몸을 움직이면
쌓였던 석성은 사라신나
처녀시절 가벼운 몸은 아니어도
아줌마들과 어울려
절로 흥겨워 흔드는 엉덩이
탄력이 생기더니
지느러미가 돋아난다

하나 둘 소리치며 흔드는 엉덩이
싱그런 지느러미를 달고
아침 바다를 힘차게 달린다

늦은 만남

시월 늦은 저녁
마흔을 훌쩍 넘긴 신랑
웃음을 좀처럼 찾을 수 없던 그는
마흔을 갓 넘긴 신부 손을 잡은 채
하객들 앞에서 웃고 있다
오랜 시간 후 만난 두 사람
너무나 환한 표정에
이 세상의 어떤 행복도
따라올 수 없을 것 같은
평안하고 다정한 웃음지음이
어색한 나를 따뜻하게 한다

이혼의 아픔 딛고
맞이한 두 번째 아내
그녀에게
오늘 같은 웃음
간직할 수 있는 손
다시는 놓지 않기를

환생

새로 이사 온 아파트
한결 넓어진 베란다 비인 공간에
철쭉 화분을 들여다 놓았다
꽃잎이 터질 때마다 피어나는 아침
더욱 탐스러웠다 철쭉꽃은
베란다 앞에 놓여진 작은 산과 어울려
집안을 분홍빛으로 물들였다

그러나 얼마 안가 꽃잎은
시들어 하나씩 바닥 위로
떨어져 버리는 게 아닌가

떨어지는 것이 못내 서러운 손은
꽃잎들을 하나씩 모아
베란다 하얀 바닥에 심고 있었다
흙 대신 가슴에서 환생한 꽃잎들
나무에 달렸을 때보다
더 붉은빛을 띠며
작은 뜨락을 채워 주었다

이상한 우연

집들이 날
새로운 분위기
전망 좋은 창문을 한껏 열어
손님을 기다리는
기분 좋은 날

초대한 여러 사람 중
한 사람이 올 수 없었다
그는 아침에 갑자기 쓰러졌다
하루를 넘기지 못한 그는
웃음 띤 건장한 얼굴을
보여주지 못하고
정성껏 준비한
밥상을 받을 수도 없었다

하필이면
오늘 같은 날
왜 쓰러졌을까

테니스

날아오는 공을 따라
바라본 하늘
하늘을
따라 가다 보면
저 멀리
새들이 무리지어
나에게 온다
공도
새도
그리고 나도
하나가 되어
멀리 날고 있다

십일월

거의 다 왔다
차가운 바람을
막기 위해
문을 닫아야겠다
꽃 피는 언덕과
뜨거운 여름의 격정
노을빛에 떨어지는
낙엽의 안타까움도
이제는 가슴에
묻어야겠다

아직은
뼈 속까지
시리지 않지만
따뜻한 겨울을 위해
걸어온 날들에
불씨를 붙여야겠다

청명

간 밤
하늘 가르는 우뢰소리
잠든 나를 놀라게 한다
몇 번의 천둥소리 지나가고
아침이 되니
줄기찬 비 대신
푸른 하늘이 숲을 적신다

눅눅한 마루바닥이
까실까실한 감촉으로
발바닥을 만져주는
기분 좋은 아침
밖으로 나가
푸른 하늘
온몸으로 안아야겠다

인형 멍멍이

멍멍아 너와 나
날마다 함께이구나
거꾸로 온 몸을 쳐 박혀도
팔 다리를 꺾어 놓아도
비명조차 지를 줄 모르니
아마 넌 진짜 멍멍인가봐
본래 너는
형체도 없는 천조각
널 만든 이는
세상에 내어 놓고는
관심도 없으니
너 같은 고아가 없구나

책상 한 모퉁이
날마다 눈치만 보는 바보스런 너
어쩌면 어찌할 수 없는
던져 버릴 수도 없는
애틋한 나의 분신인지도 몰라

쌀을 씻으며

눈 뜨는 아침
맨 먼저 피부에 와 닿는 너의 감촉
하얀 너의 얼굴 씻으며
또 하루를 엮는다
하늘 은총 입은 너는
모습도 순결하여
조촐한 아침 식탁이나
다 자란 아이들의 작은 책상위에서
그들 보며 하얗게 웃는다

작은 너희들이 모여
허기를 달래주듯 비인 마음
하늘의 양식으로
순백의 맑은 영혼으로
채워줄 수 없을까

타향의 추석

그렇게 큰 둥근달은
고향에서도 본 적이 없었다
도서관으로 향하는 내 그림자
달 속을 걸어가고 있었다
밤 새워 송편을 빚는 어머니 손
수 만 리 먼 곳에서
나를 부르고 있었다
어떻게든 맛 나는 것 먹이고 싶어
시집간 딸 그리도
기다리시던 어머니

추석을 맞이하는 설레임이
먼 곳에 와서
이토록 간절할 줄이야

어린 사람들

꽤 오래된 만남
시골 초등학교 모임
나이는 틀려도 고향이 같기에
얼굴 맞대는 것만으로도 즐겁다
살아가는 모습은 달라도
시냇가에서 고기 잡는
어릴 적 이야기를 하며
저절로 흥이나 술잔을 기울인다

도시의 높은 벽 사이
만나 보는 고향 얼굴
물장구치던 냇가를
그리워하는 어른이 된
어린 사람들

어이없는

곤히 잠든 병영 내무반
누군가 수류탄을 던져
죽음이 피를 뿌렸다
전우를 죽게 한 그는
상사가 자존심을 건드려
분노를 참을 수 없어
죽일 수밖에 없었다고 하였다

피 끓는 젊음이
어이없게 피투성이가 된
바닥과 벽
잠시 젊음을 잠재웠던
가두었던 자리가
아침을 볼 수 없는
캄캄한 자리로
변하게 될 줄이야

가슴이 비어 있어 따뜻한

목욕탕 안
사람들은 저마다
자기 몸을 씻느라 분주하다
잠시 뜨거운 물속에 있던 나는
무심코 그녀의 등을 보고 있었다
허리가 구부러져 쭈글쭈글한 손으로
근근이 때를 밀던 노파의 등을
열심히 밀어 주고 있었다
잠시 후 일어나 걸어오는 그녀
젖가슴이 하나였다

노파의 등을 밀어 줄
맘조차 가지지 않은
두 개의 젖가슴
가리고 싶었다

가벼운 다리

병실 구석 침대 위
다리가 나와 있었다
할머니 옆에 누군가 이불을 뒤집어쓰고
누워 있는 줄 알았다
침대에서 내려와
목발 짚는 것을 본 나는
그것이 의족인 것을 알았다
우연한 교통사고로 사라진 한쪽 다리

바라보는 나는 무겁기만 한데
다리 하나로 농사일도
거뜬히 해 낸다는 할머니가
웃음 띤 얼굴로
가볍게 몸을 움직인다

몇 시간 후

초저녁 외출 길
엘리베이터에 들어선 순간
위층에서 내려오는 중년 남자
나에게 인사를 하였다
그를 잘 모르는 나는 얼떨결에
고개를 숙였다
볼 일을 마친 후
엘리베이터 앞으로 다가갔을 때
아까 보았던 그 남자
취기 서린 얼굴로
자연스럽게 말을 건네었다
나갈 때도 만나고
들어올 때도 만났다며
웃음까지 곁들여

조금 전까지만 해도
말없이 고개만 숙이던 그가
몇 시간이 지나
변해 버린 것이다

한 없이 보고 싶은
—로버트 김

떨리는 손
영정을 더듬는다
너무 멀리 떨어져
이국의 감옥에 갇힌 아들
그리던 얼굴
사진이 되어 버렸다
멀리 있는 아들
한없이 보고 싶다며
세상의 손을 놓은 아버지

오고 싶어도 올 수 없었던
뼈아픈 손길
얼굴 덮은 유리 위로
한없는 눈물 흘린다

천진한 아이

아까부터 아이는
오동통한 엉덩이를 내민 채
한참을 가만히 있었다
사람들이 알몸으로 오가는 목욕탕 바닥
아무생각 없이 쪼그리고 앉아 있는
서너 살 먹은듯한 어린아이
더러운 것을 씻어내기 위해
모여든 사람들 속에서
아이는 거리낌 없이
냄새나는 똥을 누었다

한때 천진한 아이였던 나는
몸에 냄새가 배일까
당황하고 있었다

제 4 부

아름다웠다
지극한 고요 속에 새겨진
색감과 구도
그 속으로 들어가고 싶었다
갇혀서 나오지 말았으면 싶었다
붉게 물든 잎새들
하늘을 비추는 투명한 물빛

물 위에 그린다

선상의 석식
노을이 붉게 물든 식탁
조개입 벌린 오페라 하우스
머리 위 하버 브릿지
하늘 닿은 빌딩의 불빛
어둠속 하나 되어
안으로 들어온다
안에 있는 어두운 그림들을 지우고
맑은 물빛
깨끗함으로
다시 나를 그린다

바다는 사막을 그리워한다

—port stephans에서

바다 옆에
사막이 누워있다
연인이 되어버린 둘
바다의 맨 끝자리에 앉은
슬픔의 덩어리들
세상의 바람이 끌어올려
만들어진 눈물의 언덕

바다와 사막의 중간에서
바람을 맞으며 선 나는
어둔 하늘 한 가운데
별이 되고 싶었다
끝없는 슬픔을
끌어안을 수 있는

눕고 싶은 바다

남해
작은 마을 망치리
여름 한더위 아래
바다는 햇살을 안고 누워 있었다
이상하리만큼 잔잔한 바다는
여태껏 보아왔던 바다와
전혀 다른 표정을 지니고 있었다
언덕위에서 내려오는 길옆
초록빛 벼들이 해풍에
가벼이 흔들리는 오솔길
한껏 숨쉬며
바다를 바라본다

그토록 그리워하던
잔잔한 바다
그윽한 바다에
어머니 품에 안기듯
목마른 손 내민다

돌아보았을 때

아름다웠다
지극한 고요 속에 새겨진
색감과 구도
그 속으로 들어가고 싶었다
갇혀서 나오지 말았으면 싶었다
붉게 물든 잎새들
하늘을 비추는 투명한 물빛
하나 되어
거닐고 싶었다

얼마 남지 않은 가을
마지막 숨
남겨두고 떠나는 얼굴
저처럼 아름다울 수 있다면

아가를 안으며

가슴에 안는 것만으로
따뜻해지는 아가
눈가엔 맑은 하늘 보이고
하늘 향한 작은 손가락
솜털 보송한 손
오무렸다 폈다
내 얼굴에 웃음 지어주며
방글 방글 해맑게 웃는
아가 얼굴
오랫동안 잊었던
내 얼굴 같아라

연인의 입술

—virginia beach

한 줄로 이어진 해변
먼 나라에서 온
발바닥을 만져주는 모래
연인의 입술처럼 부드럽다
어디선가 불어오는 바람에
무거운 옷 벗어버리고
바람이 지어주는 노래에 맞춰
푸른 눈동자의 바다와 어깨동무하며
흥겨운 춤마당 벌여 볼까나

나이아가라 폭포 · 1

끝없는 흐름
언제쯤이면
저 하염없는 걸음
멈출 수 있을까

물에서 멀리 떨어진
내 어깨까지도
물방울이 번진다
번진 물방울이
내 안으로 스며들어
또 하나의 흐름을 만들어 간다

나이아가라 폭포 · 2

하늘 닿은 은빛 사다리
땅 위의 슬픔
한없는 눈물로
잘못을 뉘우친다

물기둥 끝자락
없어지면 생기고
또 생기는 무지개
매순간 무너지는
연약한 마음 안아주고
한없이 용서하는
천사의 얼굴

누워있는 남자
—아틀랜틱 시티

밤과 낮이 바뀐 도시
어색한 해가 뜬다
도시를 안고 있는
바다를 바라보며 누워 있는 남자
간밤에 움켜진 손 오간데 없고
비인 주머니 속
배고픈 손가락만
숨 쉬고 있다

바다는 어둠을 거두어
아침을 내어 놓았으나
벤치에 누워있는 그에게
따뜻한 아침상을 차려놓지 않는다
어둠에 익숙한 두 눈
은빛 바다 얼굴
차마 볼 수 없다

눈밭 위의 검은 소

눈 내리는
더 넓은 초원
그 위를 걸어가는 검은 소들
점점이 흩어져
무늬를 만든다
눈 덮인 목장이
흑과 백의
선명한 구도를 그리며
가슴에 들어와
자리 잡는다

아직도
회색 그늘이
내 안을 누르는데
우연히 마주친 순백의 초원
초원을 수놓는 검은 소들이
착잡한 마음
거두어 간다

청둥오리

푸른 잔디가 있어
더욱 돋보이는 호수
청둥오리를 본 것은 겨울이었다
그들은 추위에
아랑곳 하지 않고
호수에서 노닐고 있었다
던져주는 먹이에
무거워진 몸
여름이 되어서도
여전히 물속에 담근 채
더 이상 날려 하지 않았다
날아온 곳이 어디냐고
묻는 이도 없는
먼 이국의 하늘아래
살아가는 일이 힘겨웠을까

날지 않아서
자꾸만 무거워지는 청둥오리
돌아갈 수 없는 고향 하늘 사무쳐
오늘도 슬픈 눈빛이다

노천탕에서

아무것도 걸치지 않았다
하늘을 지붕 삼아
하얀 거품이 생기는 노천탕
붉은 벽돌로 만든 폭포수
물방울이 햇살과 바람에
흔들리는 풀잎을
살결에 얹어 주었다

아무것에도
속하지 아니한 나는
풀잎처럼
바람처럼
가벼워지고 있었다

보석같은 실내화

일 년의 미국 생활
교포들과 정을 쌓았다
아이가 없는 한 여인
짐을 정리하고 있을 때
신던 실내화를 가지고 싶어 했다
닳아서 헤진
버려야만 될 실내화를
손에 든 그녀
정든 사람을 보내는 대신
체온이 담긴 실내화를
간직하려는 얼굴

오랜 시간이 지나
생명을 잃었다는 소식을 들은 지금도
실내화를 든 손
잊을 수 없다

해맑은 걸음

맑은 시월의 하늘
주홍빛 감이
하늘을 물들이는 길
가벼운 차림으로 걸어가는 사람들
빛을 안고 걸어간다

운문사 마당으로
들어선 걸음
구름처럼 가볍다
내려오는 길가 개여울
먼지 묻은 발 담그며
하늘을 본다

빛에 안기다

돌산도 향일암
해를 바라보는 바위
넓은 바위에 올라섰을 때
아무것도 생각할 수 없었다
오직 빛 가운데 있다는
생각 밖에 나지 않았다
어찌하여 그런 눈부심이
땅 위에 있어
나를 설레게 하는지
알 수 없었다

하늘과 바다가
한 몸이 되어 아루어 지는 빛
오묘한 색조를 띤
그리 짙은 것도
그리 옅은 것도 아닌
중간의 눈부심이
무거운 나를
따뜻하게 안아 주었다

아자

가을이 뿌려진 길
한참을 걸어 닿은 암자
고무호스로 물 뿌리며 장난치는
개구쟁이 꼬마 둘을 야단도 치지 않은 채
바라보는 중년 남자
스님이 아자라고 불렀다

아내가 어디론가 떠나 버린 그는
군고구마를 먹고 있었다
깨어진 옹기 조각에
이름도 알 수 없는 들꽃을
가꾸는 아자의 얼굴
새까맣게 그을린 군고구마를 닮았다

아이들은 마당을 뛰어 놀며
고요한 암자를 흔들고
표정 없는 아자의 손길
쓸쓸한 들꽃들
햇살 아래 웃음 짓게 한다

가을이 눈부신 산사
아자의 손에 든 군고구마
붉게 물들인다

꿈꾸는 그림자

아직은 겨울
시누대로 어우러진 터널
사이로 걸어가니
군데 군데 동백나무들
조명을 받으며
멀리서 온 나를 보고 있었다
어둠이 내린 나무들 위에
색색의 조명등이 비춰 주는
밤의 오동도는
곤한 날개 접고 잠든
나그네 얼굴 닮아 있었다

숲 밖으로 나오니
보름달이 바다를 비추고 있었다
그 빛은
꿈꾸는 동백섬을 걸어 온
내 옅은 그림자도
비춰 주었다

제 5 부

사월의 아침
목련이 하얀 얼굴로
봄을 바라보는 교회 마당
성도들은 떡을 먹으며
담소를 나눈다
간밤에 비바람 몹시 불어
걱정했는데
맑은 하늘아래
주님이 다시 사심을 기뻐한다

푸른 손

하늘 보며 웃는다

구름 속 걸린 십자가를
가슴에 품던 소녀
성당 가득 메우던 라일락 향기
아직 느낄 수 없지만
왠지 서먹한 뜨락은
나를 낯설게 한다
뜀박질하던 호젓한 길에는
아스팔트 위를 질주하는 차들이
발걸음 막는다

낯익은 하늘
오늘따라 더욱 투명한 하늘
그 한가운데로
치맛자락을 팔랑거리며 뛰어가던 소녀
낯선 십자가 앞에
오랫동안 잊었던 푸른 손
내어 놓는다

목소리를 빼앗긴 청년
—김선일의 죽음

짜장면과 김치를 실컷 먹고 싶은
어서 고국으로 돌아가고 싶은
그리고 중동을
하나님의 기쁜 소식으로
행복하게 해주고 싶었던 그는
평화의 인질로
머나먼 사막의 나라 이라크에서
서른 세 살 삶의 여정을 끝냈다
그는 목이 잘려진 채
낯선 길바닥에 버려졌다
살고 싶다고 절규하던
목소리는 더 이상 들을 수가 없다
시신이 되어
돌아온 영정 앞에
사람들은 비통한 눈물을 바친다

그토록 돌아오고 싶은
꿈꾸던 하늘을
목소리를 빼앗긴 후에야
돌아왔다

이제 목소리를 되찾았을까

그의 손은 가장 높은 곳에 있다

주일
세상에 지친 신발을 벗고
하느님께로 나아오는 걸음들
한 사람 두 사람 의자를 채운다
주를 향한 그윽한 마음
목을 바로 세운 채
지휘자에게로 향한다
부드러운 손을 따라
어우러지는 목소리는
하늘 향한 입술들이
드리는 간절한 기도

혼신을 다한 손
땀에 젖은 몸은
모든 굴레에서 벗어나
눈부신 옷자락이 있는
가장 높은 곳에
천상의 소리를 담는다

벗겨진 양말

벗겨진 발바닥
응급차에 실려 가는
마지막 모습이었다
그는 키가 크고 건장해보였다
방금 전까지도
열심히 기도드리던 그가
성전에서 쓰러졌다

보이지 않는 어떤 손이
차마 벗을 수 없는
그의 양말을 벗기셨을까
빙그레 웃던 교회 뜨락
그가 심은 베고니아
맑은 눈빛이
아름다운 주일 아침에

고희가 되면

향긋한 유월의 저녁
사람들은 고희에 내어놓는
그의 출판기념회에 모여든다
하얀 머리칼과 주름진 이마는
흘러온 시간을 보여준다
눈이 시그러운지
사람들을 알아보기 위해
자꾸만 깜박거린다
손자들이 바치는 꽃다발
가슴에 안은 채
가족들과 노래를 하는 그는
어쩌면 다가올
나의 얼굴 같기도 하다

아직은
흰머리도
이마에 새겨진 주름도
눈도 그다지 시리지 않은 나는
몰래 가슴이 젖는다

하늘

당신입니까

저리도 황홀한 빛을
주시는 이가
거센 바람도
당신의 숨결로 평온해지며
지친 혼은 당신의 품안에
쉼을 얻습니다
얽어맴이 싫어
맘대로 돌아다녀
맛보는 자유
쓸쓸함만이 남았습니다

온 세상도
채울 수 없는
당신의 하늘
저는
당신을 바라보는
당신의 아이입니다

부활의 아침에

—1987년 부활절에

사월의 아침
목련이 하얀 얼굴로
봄을 바라보는 교회 마당
성도들은 떡을 먹으며
담소를 나눈다
간밤에 비바람 몹시 불어
걱정했는데
맑은 하늘아래
주님이 다시 사심을 기뻐한다
붉은 십자가
온 몸에 새기며
사흘만에 다시 사신 주님

겨울을 뚫고 나온
하얀 목련에게
웃음을 보낸다

빈자리는 채워지지만

으레히
그 자리에 앉아있는 할머니
은빛 단발머리에
빨간 보석 삔을 꽂고서
기도 하던 자리
다른 사람이 앉아 버렸다
이제는 어디에서나
찬송가를 부르던 할머니의
어눌한 목소리는
들을 수가 없다

어버이 날
빨간 카네이션을 가슴에 달고
또래 할머니들과 합창하던 할머니
이제는 하늘나라
환한 자리에 앉아
즐거이 노래하시리

겨울 뜨락

빈 뜰
가지 위에
작은 새들이 내려앉는다
언제 여기에
푸르름이 있었던가
상실의 아픔에 대해
서러워 말자
저렇게 빈 뜰 위에도
햇살은 오히려 넉넉하며
새들마저 즐거이
노래하고 있지 않은가

설운 가슴
새 한 마리
날려 보내야겠다
허락된 남은 것을 위하여

걸어가면서

가슴에
하늘을 안고
살아가는 일이
어디 그리 쉬운가
한 걸음 걸으면서
푸른 잎 보며
숨 한번 쉬어 보며
그렇게 살아가는 일이
어디 그리 쉬운가

—〈93.7 jim barnet park〉

신의 아이

그랬습니다
당신 처음 사랑
얼마나 황홀했던지요
이제는 떠나고 싶습니다
그저 떠나고
싶을 뿐입니다

그러나 지금
약속드릴 수 있는 것 하나는
언젠가는 꼭
돌아온다는 것입니다

더욱 사랑하기 위해서 말입니다

노인 병동 · 1
—아기 같은

맨 구석 안
「밥 줘, 밥 줘」 하시며
아장 아장 걸어 나오시는 할머니
「이기 미쳤나! 금시 묵고 또 밥이가」
하시는 옆 할머니의 호령에
송구스러운지
바라보는 모습이 아기 같다
밥상을 앞에 두고
기도할 때면
성호를 세 번이나 그으시는 할머니
주무실 때도 새록새록
다시 아기가 되신 할머니

노인 병동 · 2
—묶인

작은 침대에 손발이 묶여 있다
낮에 왔을 때는
부드러운 웃음을 건네던 할머니
저녁 무렵엔 화를 내며
몸을 떨고 있었다
죽은 남편에게
제발 날 때리지 마이소 라고
하며 두려움을 나타내는
그녀에게 문병 온 딸
엄마 와 이카노 하며
눈물을 보인다
묶여 있는 손 잡으며
이 세상 일 다 잊고
어서 하늘나라 가라며 울먹인다

노인 병동 · 3
—듬직한

제일 건강해 보였다
구십 세나 되어도
잘 걸어 다니고
목소리도 쩌렁하였다
친구가 없어서
여기 오면 시간도
잘 갈 것 같아서 오셨단다
한 번 들은 말
몇 번이나 되물어보지만
할머니들 단속도 하고
마지막 숨 거둘 때면
옆에서 온 맘 다해
기도드리는 듬직하고 당당하신
방장 할머니

노인 병동 · 4

—눈빛 차가운

언제나 누워 있었다
명문 여고를 나와
식당을 하다 쓰러져
반신불수가 되어 버린 그녀는
아직도 하얀 뺨을 지니고 있었다
오랜 투병생활에 지쳐 버린 가족들
얼굴을 볼 수가 없다
근근히 손을 움직여 식사하는 그녀
자기 주머니를 가르키며
명절날 가족들이 몇 장의 지폐를
두고 갔는지 세어봐 달라고 했다
그리 많은 나이도 아닌데
저렇게 하얀 얼굴에
영롱한 눈빛을 지녔는데
날마다 누워 있어야 하는
할머니

노인 병동・5
―넘길 수 없는

이미 떠나 버렸다
물도 미음도
입으로 넘길 수 없는
뼈만 남은 그녀는
생을 이어갈 수 있는
마지막 끈도 놓아 버렸다
그러나 그렇게라도
살아있는 어머니를
보겠다는 아들의 의지가
코에 관을 연결하여
죽을 들게 하고 있었다

이따금 커럭 커럭 나는 소리가
밤이 짙어가는 병실을
울리고 있었다
힘들게 걸어온 마지막 길
편히 가고픈
할머니의 울음일까

아름다운 세상

밥 퍼 목사
그는 울고 있었다
손가락질 받는 매춘부
악취 가득한 노숙자들 안으며
올려다 본 하늘
거기에 아름다운 세상이 있었다
모두가 외면하는 그늘 속으로
걸어 들어간 그에게 닥쳐오는 시련
무던히도 참아왔건만
아들마저 아빠를 부끄러워했다
절망의 늪에서 벗어나려 했지만
하나님의 손이
돌아서는 그의 어깨를
달래시며 붙드셨다

가장 어둔 골짜기에서
그들을 끌어안으며 올려다 본 하늘
눈물로 피어난 아름다운 세상이
거기에 있었다

시린 땅

밤이 차다
훈련소 작은 교회
세례 받기 위해 모여든
웃음 없는 얼굴들
추운 교회 안을 가득 채운다
어머니 가슴 떠나
차가운 땅 위에 던져지는
발바닥이 시리다
얼마 후면 전방으로 떠나야 할
이마 위에 십자가가 새겨진다
허공 중 홀로 선 어깨를
감싸 안아주는
부드럽고 따뜻한 가슴을 만나는
거룩한 순간

어려운 날들
십자가 안으며 걸어가는 땅
시리긴 해도 따뜻하다

넷의 무덤

부인이 맨 뒤에 묻혔다
죽은 순서가 다른
부인과 남편 그리고 두 아들
형제가 똑 같은 시간에
서로를 끌어안고
총에 맞아
꽃다운 스물에 쓰러졌다
목사인 아버지는
두 아들 죽인 자를 양 아들로 삼아
주님께 인도하였다
부인은 홀로
남은 아이들을 키우고
주님께 봉사하며 살았다

죽음을 넘어
원수를 사랑하는
땅위에 있어
아름다운 사연이
무덤 앞에 선
내 눈시울을 뜨겁게 적신다

해설

생활의 발견 · 강영환

생활의 발견

강 영 환(시인)

1.

이 시대를 소비의 시대라고 한다. 그러나 시를 읽는 행위는 소비행위가 될 수 없다. 그러므로 시집은 팔리지 않는 것이 정답이다. 아무리 훌륭한 시집이라 해도 판매가 한정될 수밖에 없는 것이 현실이다. 시인의 시를 읽는 사람들이 한정되어 있기 때문이다. 시를 어렵다고 생각하는 사람들이 시 읽기를 포기하는 것도 그 이유 중의 하나다. 시를 읽어서는 경제적 이득을 얻지 못한다. 그리고 정신적 위안을 얻기 보다는 문제만을 얻어오기가 대부분이다. 독자가 시를 향하여 걸어가면 시는 다시 저만큼 달아나버린다. 그것은 시가 가지고 있는 배타성 때문이다. 이렇게 골치 아프고 배타적인 시를 읽고 이해하려 한다는 것은 고역중의 하나일 것이다. 그것이 난해하고 도무지 접근을 허락하지 않는 낯설기로 뭉쳐져 있다면 더욱 곤혹해 지리라.

오늘—이 지점에서 돌이켜 보면 그동안 70년대나 80년대의 시는 주요 흐름들을 가지고 있었다. 70년대의 참여와 순수의 대립각 속에서 참여정신을 구현하는 시가 주류를 이뤘다면 80년대는 목적을 지닌 시, 참여시를 비롯하여 노동시, 농민시 등이 주류가 되었고

90년대에는 참여시로부터 서정성을 회복하여 해체시, 생태시에 이어 나타난 순수서정시가 주류를 이뤘다. 이제 2000년대 중반을 넘어서는 이 지점에서 서정과 생태적 관점이 잠시 주류를 이룬 듯 했지만 7~80년대를 지나오면서 느낀 거대한 흐름에 비견되는 딱히 주류라 할 만한 흐름은 감지할 수가 없다. 어쩌면 몰개성의 보편성에 합일하는 방향성이 없다는 말이 더 맞는 말일 것이다. 그것은 당연한 귀결인지 모른다. 시에는 어떤 정형을 거부하는 생태적으로 더러운 성질을 가지고 있기 때문이다. 끝없이 거부하고 도망질하는, 마땅히 도시에서 추방당해야 하는 현실왜곡과 뒤집기, 거꾸로 보기, 해체 등 말할 수 없는 횡포를 안고 있기 때문이다. 그것이 시가 살아남기 위해 가진 패악적인 성격 중의 하나이다.

그래서 대중에 영합하는 시는 좋은 시가 될 수 없다고들 한다. 좋은 시는 그저 외롭고 쓸쓸하고 항시 독자와 멀리 떨어져 있을 수밖에 없다. 그런데도 끝없이 시가 생산되고 시집들이 쏟아진다. 시는 자기 위안의 수단은 아니지만 그렇다고 타자 위안의 수단도 아니다. 시는 시적인 것으로 있을 뿐이며 이에 접근하는 사람에게만 그 성질을 부릴 뿐이다. 누구를 계도하고 위안하고 삶에 도움을 주고 심리치료를 하고 하는 것은 괜히 하는 말이다. 시는 시일뿐이다.

시가 존재해야 하는 이유는 인간에 대한 끝없는 자기 질문이며 언어가 지닌 한계를 극복하려는 의지의 표현이며 자기성찰과 고백이기 때문이다. 우리가 일상성 속에서 망각하고 살아가는 가치들을 재발견해 내는 일이다. 그래서 시는 일종의 계시이며 방법론으로는 익숙한 것의 낯설게 하기와 낯선 것의 점진적 명료화의 과정이다.

2.

시는 현재적 삶의 공간에서 건져 올린 영혼의 노래다. 그 시점이 과거이든 미래이든 그것은 오직 현재적 삶에서 추론한 결과이기 때문이다. 시인이 자신의 관점을 지니든 또는 화자적 관점을 차용하든 상관없이 시인이 가진 가치관이나 사회관, 역사관에 의해 구축한 현재의 사상적, 이념적 삶의 모습을 보여 준다.

시의 출발점을 현재의 시공간으로 삼을 때 해연 시인의 시적공간은 다소 국한되는 특징이 있다. 생활주변에서 만나는 사람들과 그가 일상적으로 만나는 공간이 전부라해도 지나치지 않다. 여성 시인으로서 당연한 모습일 수 있다. 첫 시집 『닮고 싶은 웃음』 이후 2년 만에 두 번째 시집을 내게 된 해연 시인은 정식 등단 절차를 거치지는 않았지만 꾸준한 작업을 통해 시적 삶을 왕성하게 펼쳐나가고 있다. 등단 장사가 판을 치고 어설픈 시 몇 편으로 등단하는 사례가 빈번한 요즘 현실에서 수십 편의 시를 엮어 시집으로 평가를 받고자 했던 당찬 모습을 기억한다.

해연 시인은 첫시집에서와 마찬가지로 이번 시집에서도 자기 성찰과 고백을 담고 있다. 젊은 시인들이 지닌 참신한 감각이나 서정을 기대할 수는 없지만 젊은 그들이 지니지 못한 관조와 삶의 발견은 독자들에게 잔잔한 감동과 함께 편안함을 안겨 준다. 독자들이 흔히 삶 속에서 만날 수 있는 풍경과 의미와 사람들의 모습이기에 언제나 다시 펼쳐서 읽고 싶은 작품들이다. 해연 시인은 생활공간 속에서 사물들의 아름다움과 인간관계 속에서 따뜻함을 발견하는 일에 시의 존재 가치를 두는 것 같다. 대부분의 시들이 삶의 공간에서 시인이 부딪히는 현실, 또는 자연과의 교감을 시로 표현해 내지만 해연 시인은 더 작은 현실, 여성 시인으로서 가진 섬세함으로 생활을 응시한다.

별이 내린다
산책로 나무 의자 옆 벚나무 한 그루
가로등 아래 주홍빛 잎새 되어
따뜻한 손 내민다

이슬과 함께 열리는 아침
벚나무 꽃잎은
햇살 위 아롱진 눈물
긴 겨울을 견뎌온
푸른 웃음으로 피어났다
꽃 진 뒤 초록으로 돋아나는
잎들의 행렬
성숙한 벚나무 둥지 속에
종달이가 곤한 날개를 기대며
꿈을 꾸었다

얼마 후 차가운 얼굴로

길 위에 있을 벚나무
내 가진 따스한 체온
나눠주고 싶다

〈봄에서 겨울까지〉 전문

이 작품은 벚나무의 사계를 노래한 작품이다. 밤의 산책길에서 만난 벚나무 가로수는 지금 노란 가로등 불빛을 받고 손을 내민다. 시적 화자는 나뭇잎을 따뜻한 손으로 인식하고 다음 날 아침에 다시 그 나무를 만난다. 벚나무는 여름이 되어도 따뜻함으로 푸른 웃음으로 피어난다. 벚나무는 흐드러지게 핀 꽃이 진 뒤에 푸른 잎으로 가득차고 그 가지에 둥지를 지은 종달새가 곤한 날개를 기댈 수 있는 언덕이 되기도 한다. 그리고 가장 편안한 잠을 자며 희망의 꿈을 꾸기도 한다. 겨울이 되어 모든 잎을 떨어버리고 앙상한 모습으로 서있게 되었을 때 시적 화자는 스스로 자신의 체온을 나눠 주고 싶은 것이다. 벚나무가 견뎌내는 사계를 통해 시인은 이 세상의 아름다움이 따뜻함에서 비롯됨을 인식하고 그 따뜻함을 나눠주고 싶은 경지에까지 승화된다. 시인의 따뜻함은 한두 편에 그치지 않는다.

몇 개의 노란 감
잎 하나 남지 않은
나뭇가지에 매달린 채
시린 얼굴로 맑은 하늘에 있다

작은 새 하나
감에게 온몸을 두고
열심히 부리를 갖다 댄다
며칠 후 선명한 색깔은 볼 수 없었다

감에게 남은 마지막 단맛을
맛보는 새의 모습을
우연히 지켜본 나는
보이지 않는 감의
따뜻한 가슴을 보았다
길을 걸어가는
내 가슴보다 더 따뜻한

허공중 매달린
선홍빛 뜨거운 가슴의 눈망울을

〈겨울 감〉 전문

늦가을 추수가 끝난 벌판은 텅 비어 을씨년스럽다. 마을로 들어오면 잎을 죄다 떨구어버린 감나무도 마찬가지다. 그곳에는 까치밥이라는 이름의 감 하나가 가지 끝에 매달려 있게 마련이다. 우리 선조들은 나무에 매달린 감을 전부 수확하지 않고 한두 개쯤은 날짐승들을 위해 남겨 두는 여유를 지니고 있었다. 남겨진 감 하나, 자신의 온 몸을 새에게 내어주고 세상을 마감하는 선홍빛 감의 모습에서 세상을 따뜻하게 만들어 주는 의미를 발견해 낸다. 자기를 희생하여 남의 어려움을 채우게 해주는 따뜻함이야말로 이 세상 가장 온도 높은 따뜻함이다. 그러기에 시적 화자가 아무리 따뜻함을 지녔다하더라도 그에 미치지 못할 수밖에 없는 것이다.

사물을 바라보는 시인의 눈은 경이로움이 아니라 따뜻함이며 차분하다. 차분함 속에서 감정을 절제하며 조용히 내보내는 메시지는 어느덧 마음을 젖게하는 는개의 모습을 닮아 있다. 생활 주변의 삶과 자신의 주변에서 쉽게 만나는 사물들이 해연 시인의 제재이며 주제이다. 그러기에 그의 시에는 어떤 이데올로기도 없다. 그냥 느낌을 전달해 줄 뿐이다. 시는 소리높여 외친다고 다 전달되는 것은 아니다. 아무 소리 없이 꽃을 들어 보여주면 그만인 것도 시다. 해연의 시는 독자에게 전혀 부담을 주지 않고 조용히 스며드는 그의 체취와 같은 시다.

봉긋이 올려진 토마토 바구니들
길 위에 나란히 펼쳐졌다
간이의자에 앉아
오가는 행인을 바라보는 작은 남자
오십을 넘겼을까
식솔은 몇이나 될까
노예시장에 내몰린 연두빛 토마토
누구 손에 넘겨질까
새벽시장 돌아
그의 손에 안겨진 토마토
아침 햇살을 받은 유월의 가로수 아래

볼그레한 얼굴로 사람들을 유혹한다

〈길 위의 토마토〉 전문

아파트 주변에서 흔히 볼 수 있는 풍경이다. 토마토를 팔아야 식솔들의 생계를 짊어질 수 있는 오십을 넘긴 행상인이 몇 바구니 토마토를 펼쳐놓고 오가는 사람들을 바라본다. 그의 눈에는 온갖 감정들이 교차하며 수심이 가득 담겨져 있다. 시인은 그 눈에 비친 의미를 노예시장이라는 비극의 장으로 묘사한다. 노예시장에 내몰린 것은 토마토가 아니다. 행상인 스스로를 내어 놓고 오가는 사람들을 바라보며 자신을 사가 달라고 눈빛으로 애원하고 있다. 유월의 가로수 아래 한 가정의 가장이 나와 토마토를 팔고 있지만 화자는 그 남자의 식솔에까지 마음을 쓴다. 토마토가 잘 팔려야 그 남자의 식솔들이 밥을 먹을 수 있을 텐데. 시인의 따뜻한 마음이 없다면 길가 토마토를 팔고있는 행상의 모습에 그윽이 숨어있는 따뜻함을 펴올릴 수 있을까?

어느 시를 잡고 물어도 해연 시는 그 속성을 따뜻함과 감사에 두고 있다.

새로 이사 온 아파트
한결 넓어진 베란다 비인 공간에
철쭉 화분을 들여다 놓았다
꽃잎이 터질 때마다 피어나는 아침
더욱 탐스러웠다 철쭉꽃은

베란다 앞에 놓여진 작은 산과 어울려
집안을 분홍빛으로 물들였다

그러나 얼마 안가 꽃잎은
시들어 하나씩 바닥위로
떨어져 버리는 게 아닌가

떨어지는 것이 못내 서러운 손은
꽃잎들을 하나씩 모아
베란다 하얀 바닥에 심고 있었다
흙 대신 가슴에서 환생한 꽃잎들
나무에 달렸을 때보다
더 붉은빛을 띠며
작은 뜨락을 채워 주었다

〈환생〉 전문

'낙화인들 꽃이 아니랴' 하며 마당에 떨어진 꽃잎을 쓸지 못하게 하던 옛사람의 정취가 묻어나는 시다. 시적 화자는 한걸음 더 가서 떨어진 꽃잎을 주워 베란다 바닥에다 심는다. 바닥에 심는 행위는 새로운 탄생을 꿈꾸기 때문에 그런 표현을 쓴 것이다. 꽃잎을 가지런히 모아 하트를 만든다. 떨어진 꽃잎은 사랑의 의미인 붉은 하트가 되어 새로 환생하는 순간이다. 꽃잎은 사랑이 되고 그것은 떨어진 꽃잎을 가슴에서 환생시키기 위한 의식이다. 나뭇가지에 달려 있는 꽃보다 더 붉은 빛으로 뜨락을 채워주는 낙화가 살아난다. 지는 것들까지 사랑할 줄 아는 시인의 마음이 곧 따뜻함을 불러 온다. 따뜻함은 그냥 생기는 것이 아니라 만들어 지는 거다. 시인은 따뜻함을 마음속에 간직하고 있기에 쉽게 따뜻함을 만날 수가 있다.

목욕탕 안
사람들은 저마다
자기 몸을 씻느라 분주하다
잠시 뜨거운 물속에 있던 나는
무심코 그녀의 등을 보고 있었다
허리가 구부러져 쭈글쭈글한 손으로
근근이 때를 밀던 노파의 등을
열심히 밀어 주고 있었다
잠시 후 일어나 걸어오는 그녀
젖가슴이 하나였다

노파의 등을 밀어 줄
맘조차 가지지 않은
두 개의 젖가슴
가리고 싶었다

〈가슴이 비어 있어 따뜻한〉 전문

목욕탕에서 낯선 노파의 등을 밀어 주고 있는 여인의 등은 일상성이다. 그러나 뒤돌아 서서 시적 화자 쪽을 향해 걸어오는 앞모습은 비일상성이다. 당연히 두개여야 할 유방이 하나뿐이라는 사실에 시적 화자는 자신의 부끄러운 두개를 발견해 내는 순간이다. 여성으로서 감춰야 할 사실을 감추지 않고 일상성 속에 활동하는 그 따뜻한 마음씨에 비해 자신은 그런 마음조차 갖지 못함을 스스로 부끄러워하고 있다. 정말 가슴이 비어 있어 따뜻함을 더 많이 뿜어내는 한 여인을 찾아낸 것은 시인의 가슴이다. 시인은 눈이나 머리로 시를 쓰지 않고 가슴으로 시를 써야한다는 본보기를 보여준다.

맨 구석 안
「밥 줘, 밥 줘」 하시며
아장 아장 걸어 나오시는 할머니
「이기 미쳤나! 금시 묵고 또 밥이가」
하시는 옆 할머니의 호령에
송구스러운지
바라보는 모습이 아기 같다
밥상을 앞에 두고
기도할 때면
성호를 세 번이나 그으시는 할머니
주무실 때도 새록새록
다시 아기가 되신 할머니

〈노인 병동 · 1〉 전문

그 따뜻한 가슴은 노인병동 연작에서도 애린의 마음으로 잘 드러나 있다. 여기에서 애린은 따뜻함을 바탕으로 하고 있음은 말할 나위 없다. 나이가 들면 다들 아이가 된다고 했듯 노인병동에 입원해 있는 노인들의 천진 무구한 모습을 가식없이 끌어내고 있는 해연 시인의 가슴에는 이웃의 어려움을 동병상린할 수 있는 따뜻함이 있기 때문이다. 그것은 해연 시인이 가진 종교 탓도 있겠으나 선천적으로 타고난 착한 심성 때문이리라. 그러나 착한 심성만으로는 시가 되지 않는다. 세상을 바라볼 수 있는 가치관이 정립되어 있어야 하고 자신의 내면을 응시할 수 있는 시선을 지녀야 한다. 그것이 시인의 조건이다.

기다려오던 날들이었다
차가운 땅에 몸 누이던 겨울하늘
별 보며 어머니 그리던 시집살이
좁은 공간 속에서 답답해하던 세간도
거기엔 볼 수 없었다
줄을 서서 기다리는 사람들
저마다 원하는 집을 찾아
기웃거린다

허공에 만들어진 공간 위에서
채우지 못한 지난날 보상받으려
네모난 창 열며
만족하게 될 사람들
언젠가 허물어질 모델 하우스
거울에 비춰진 또 하나의 나

그녀에게
미소를 보낸다

〈모델 하우스〉 전문

누구나 쉽게 스쳐 지나갈 아파트 모델하우스. 시적 화자는 모델하우스의 텅 빈 공간 속에서 때절은 어머니의 가구를 볼 수 있는 눈을 가졌고 거울속에 담겨져 있는 자신의 모습을 분양이 끝나면 철거될 운명의 가건물에 담겨져 있는 자신의 그림자를 발견한 것이다. 자신의 내면을 향하여 삶과 죽음의 성찰이 담겨져 있는 작품이다.

숲이 보이는 창
오랜만의 촉촉함이 나를 채운다
여름을 견뎌온 잎들이
제 살을 태우는
뜨거운 그늘을 지나
이제 비에 젖고 있다

창에서부터 저 빛까지의 거리는
얼마나 될까
몇 번의 순간들이 모여야
저토록 순결한 빛이
될 수 있을까
잎들의 숨결이 나에게 들어와
깊은 숨을 쉬게한다

창 안에 선 나는 숲과 함께
햇살과 함께
비에 젖고 있었다

〈젖은 빛〉 전문

비 온 뒤의 숲을 응시하면서 반짝이는 나뭇잎에 내려 앉는 빛을 응시한다. 건조한 일상에서 잠시 촉촉함에 젖어드는 화자는 자신과 빛의 거리를 느낀다. 그 빛은 자신의 힘으로는 도달할 수 없는 거리에 순결한 모습으로 반짝이고 있다. 자신이 도달하고 싶은 아름다운 모습을 그려낸다. 시인이 꿈꾸어 왔던 이상적인 풍경의 하나가 된다.

해연 시인의 지향점은 바로 꿈꾸는 아름다움을 발견해 내는 일이며 오래 간직하고 싶은 따뜻함을 이뤄내는 일이다. 그러기에 그의 시에는 지극히 평범한 일상의 삶 속에서 찾아가는 아름다움에 스스로 취하고 그것을 이웃에게 나누어 주는 따뜻함이 묻어나온다. 그의 시에는 실험적인 모습이나 특출한 표현없이 자신이 속해있는 시공간 속에서 하나의 증거로 남기고 싶은 풍경이나 이야기가 들어 있다. 해연 시에 아쉬운 점이 있다면 시 쓰는 즐거움이 배어있는 서술적인 표현보다는 긴장감을 더할 수 있는 표현에 접근하라는 당부를 하고 싶다.